HANS KRUPPA

Weil es dich gibt

Buch

Eine vom Wechsel der Jahreszeiten inspirierte Auswahl der schönsten Liebesgedichte des beliebten Autors.
»Als Teenager bekam ich einst von einem Verehrer ein Hans-Kruppa-Gedicht zugesteckt – und, auch wenn es zwar mit dem Jungen nichts wurde, so legte ich doch schon damals diesem Dichter mein Herz zu Füßen und war tief getroffen von diesen intelligenten und dennoch so sensiblen Worten … Diese Gedichte machen süchtig … und lassen uns unser eigenes Liebesleben rekapitulieren.«
Zillo, Lübeck

Autor

Hans Kruppa, geboren 1952, lebt als freier Schriftsteller in Bremen. Er ist einer der meistgelesenen deutschen Lyriker und Erzähler. Seine Gedichte und Märchen, Romane, Geschichten und Aphorismen sind in mehr als einer Million Bücher veröffentlicht.
»Er vermittelt durch seine Arbeiten Hoffnung, Lebensbewältigung, Kraft. Und das macht ihn so wichtig.« *Passauer Neue Presse*

Ausführliche Informationen über den Autor im Internet:
www.hans-kruppa.de

Von Hans Kruppa außerdem im Goldmann Verlag erschienen:

Delphine. Roman (43445)
Du bringst mir Glück. Liebesgedichte (13111)
Nur für Dich. Gedichte (8869)
Liebesgedichte (9266)
Du lebst in mir. Gedichte (9716)
In Deiner Nähe. Liebesgedichte (41157)
Das Glück ist immer unterwegs. Gedanken (9712)

Hans Kruppa

Weil es dich gibt

Liebesgedichte

GOLDMANN

Umwelthinweis:
Alle bedruckten Materialien dieses Taschenbuches
sind chlorfrei und umweltschonend

Der Goldmann Verlag
ist ein Unternehmen der Verlagsgruppe Random House GmbH

Originalausgabe 2/2002

Umschlaggestaltung: Design Team München
Umschlagillustration: T. Ebert
Satz: DTP im Verlag
Druck: Elsnerdruck, Berlin
Verlagsnummer: 45155
BH · Herstellung: Sebastian Strohmaier
Made in Germany
ISBN 3-442-45155-8
www.goldmann-verlag.de

3 5 7 9 10 8 6 4 2

Inhalt

Sommer

Im Mondlicht

Wir gingen langsam
im Mondlicht über die Hügel.
Das Rauschen des Meeres
drang zu uns hinauf,
der prächtige Sternenhimmel
verzauberte unsere Schritte,
die Sommerluft duftete
nach purem Leben.

Ich habe dir nicht gesagt,
daß ich mich
wie neugeboren fühlte,
daß ich glücklich war.
Ich habe geschwiegen
und ich werde immer schweigen,
wenn ich an diese Nacht denke.

Ich werde die Augen schließen,
das Zirpen der Grillen hören
und deine Hand in meiner fühlen.

Durch und durch

Wenn du plötzlich
auf offener Straße
laut auflachst
und die Passanten dich
für verrückt halten –
dann weiß ich, Liebe
ist der Grund.

Wenn der Sommerwind dir
exotische Träume ins Herz weht
und du die Augen schließt,
weil du so viel mehr siehst –
dann weiß ich, Liebe
ist der Grund.

Doch wenn wir uns
so in die Augen schauen,
daß es mir durch und durch geht,
daß die ganze Welt um uns herum
zu existieren aufhört,
dann weiß ich nicht,
warum ich wunschlos glücklich bin
und zugleich weinen könnte.

Vielleicht ist das
der Regenbogen des Gefühls.

Traumhafte Leichtigkeit

Du söhnst mich aus
mit den Widrigkeiten
des Alltäglichen,
bringst mich ins Gleichgewicht,
in Harmonie mit mir selbst.

Und mir gelingt
das gleiche auch mit dir,
als würden wir uns
gegenseitig ausbalancieren –
mit einer Leichtigkeit,
die ich sonst nur
aus meinen Träumen kenne.

Spannung

Was du für mich fühlst –
versteck es nicht.

Diese Sehnsucht
ist ein Rätsel,
das die Liebe lösen wird
im Augenblick der Wahrheit.

Ich bin
gespannt auf uns.

Jetzt

Jetzt geht es richtig los –
ich spüre es!
Ich lasse das Wunder
nicht mehr aus den Augen –
wohin es auch geht,
es geht meinen Weg.

Wir haben lange genug gewartet!

Jetzt werf ich die Zeit
aus dem Fenster,
jetzt mach ich mich auf
und laß mich zu.
Jetzt trau ich mich,
so verrückt zu werden,
wie ich bin.

Deine Flügel

Laß die Liebe frei,
die du in dir gefangenhältst,
aus Angst, sie könnte
den Rahmen deines Lebens sprengen,
wenn du sie gehen läßt,
wohin sie gehen will.

Ich weiß einen Himmel,
dort könnte sie fliegen.
Auch wenn du ihre Flügel
vor dir selbst versteckst –
ich habe sie gesehen.

Traumpost

Kurz vor dem Einschlafen
öffnet sich mein Herz für dich,
das den ganzen Tag lang
verschlossen war.

Doch ich kann dir
meine Gefühle nicht zeigen,
weil du schon schläfst
und ich dich nicht wecken will.

Also schicke ich sie
dir in deine Träume.

Weißt du was?

Du sagst,
meine Wärme hilft dir,
so natürlich zu sein.

Weißt du was?

Deine Natürlichkeit
hilft mir,
so warm zu sein.

Voraussagen

Du bist frei,
auch wenn du es
noch nicht weißt.

Du bist schön,
auch wenn du es
noch nicht siehst.

Du wirst glücklich sein,
auch wenn du es
nicht mehr glaubst.

Du wirst du selbst sein,
auch wenn du nicht einmal ahnst,
wer du bist.

Die Schritte deines Herzens

Du überraschst mich,
gibst mir Rätsel auf,
bist unbegreiflich,
schenkst mir Schätze
und nimmst sie mir wieder –
und ich frage mich
nicht zum ersten Mal,
ob ich nicht im Kreis gehe,
wenn ich dich suche.

Ich werde stehenbleiben
und die Augen schließen.
Ich werde lauschen,
bis ich die
Schritte deines Herzens
hören kann.

Dann finde ich dich
mit geschlossenen Augen.

Befreiung

Du hast mir meine Traurigkeit
aus der Seele gelächelt,
als ich das Licht
am Ende des Tunnels
nicht mehr sehen konnte.

Als ich nicht mehr
an dich glauben wollte,
hast du mich so wunderbar berührt,
daß meine Hoffnungslosigkeit
sich in Duft auflöste.

Erinnerung

Du öffnest mich –
also war ich zu verschlossen.

Du läßt mich hoffen –
also war ich zu gleichgültig.

Du weckst meine Sehnsucht –
also war ich zu bequem.

Du bringst mich mir selbst näher –
also war ich mir fremd geworden.

Du erinnerst mich an mich –
indem du die bist, die du bist.

Die Stimme des Lebens

Bist du mir nah,
wird meine Stimme weich,
obwohl ich weiß,
wie hart du sein kannst.

Siehst du mich an,
beginne ich zu träumen,
obwohl ich weiß,
wie ernüchternd du sein kannst.

Dein Lächeln
macht mich glücklich,
auch wenn ich weiß,
wie unglücklich du mich gemacht hast.

Doch die Vergangenheit ist nur Erinnerung.
Die Gegenwart steht auf unserer Seite.
Was immer uns auch die Zukunft bringt –
wir werden die Stimme des Lebens
nicht wieder überhören können.

Unsere Liebe

Unsere Liebe
ist das Herz meines Lebens,
sein Klopfen öffnet
jede Tür in mir.

Unsere Liebe
ist das Licht,
in dem ich die Welt sehe
und Schönheit finde
auf meinen Wegen
durch das Chaos.

Unsere Liebe
ist das Märchen,
das sich selbst erzählt
hinter dem Rücken einer Wirklichkeit,
der jeder Zauber fehlt.

Glück

Wenn die Liebe
nicht erst anklopft,
weil die Tür
schon offensteht –

und sich jedes Wort,
das du nicht sagst,
in ein Lächeln
verwandelt...

Volles Vertrauen

Dein Vertrauen
gab mir die Chance,
dir zu vertrauen.
Hätte es auch nur
einen kleinen Rest von Zweifel
in sich geborgen,
wäre dieser Zweifel
der plötzliche Windstoß geworden,
der mich von dem hohen Seil
gestoßen hätte,
auf dem ich die Kluft
zwischen dir und mir überquerte.

Die Farben deiner Seele

Mit dem Vertrauen eines Narren
ging ich mit
weit offenen Armen
in den Garten deiner Liebe –
bereit, Bäume zu umarmen,
Blüten zu küssen
und das Flüstern der Gräser
zu verstehen.

Die Sonne schien.
Ein Schmetterling
setzte sich auf meinen Arm,
öffnete seine Flügel
und zeigte mir
die Farben deiner Seele.

Das bist du

Wie klares Wasser.
Wie blauer Himmel.
Wie feiner weißer Sand
bist du.

Wie Muscheln am Strand.
Ein Schmetterling im Wind.
Wie ein Schweigen,
das alles umarmt –
so bist du.

Ein Freudenfeuer
in der Nacht der Welt,
ein Lächeln im Gesicht des Mondes.
Die wahre schöne Stille
abseits vom Lärm der Komödianten –
das bist du.

Dein erster Besuch

Ich sah das Licht
in deinen Augen,
das Leben in deinem Gesicht,
die Freude
in deinem Lächeln.
Ich fühlte die Wärme
deiner Nähe,
die Klarheit
deiner Gedanken,
die Schönheit
deiner Umarmung
beim Abschied,
die mir sagte,
daß du wiederkommen wirst.

Ins Undenkbare

Wir sprachen viel, vielleicht zuviel.
Reden kann eine Gewohnheit sein,
manchmal eine Wand.
Doch jede Gewohnheit hat eine Tür,
durch die wir gehen können
aus den Worten ins Sein.
Jeder Gedanke hat ein Ende,
von dem wir springen können
aus dem Denken ins Undenkbare.

Zuspruch

Du brauchst
dir keine Zuneigung
zu verdienen
durch das,
was du leistest.

Du hast
Zuneigung verdient
dadurch,
das du bist.

Magnetismus

Wie kannst
du nur befürchten,
ich könnte mich verirren –

wenn alle Wege,
die ich gehe,
zu guter Letzt
mich zu dir führen?

Zum Lächeln

Deine Worte haben mich
zum Lächeln gebracht,
wohin ich mich immer
sehr gern bringen lasse.

Jetzt möchte ich
möglichst lange dort bleiben,
denn eigentlich bin ich
dort zu Hause.

Das Beste wählen

Wenn du zu mir kommst,
laß uns Schönes erleben!

Laß uns nicht
die Stunden verreden,
sondern der Stille
zwischen uns lauschen.

Laß uns das Beste wählen,
was wir zusammen sein können –
in der beschränkten Zeit,
die wir uns gönnen.

Laß uns teilen

Bleib mir heute mit
Sachlichkeit vom Hals,
küss mich dort lieber.

Laß uns teilen,
was der Augenblick uns schenkt,
und die Musik machen,
zu der unsre Gefühle tanzen
wie lange nicht mehr.

Die Melodie des Lebens

Das Leben ist kurz,
aber kein Gedicht.
Es ist bunt,
aber kein Bild.

Es ist eine Melodie.
Wenn du ihr
mit ganzer Seele lauschst,
sagt sie dir alles,
was du wissen mußt.

Deine Mängel

Es mangelt dir
an Egoismus,
Gewöhnlichkeit,
an List und Tücke
und Berechnung.
Es mangelt dir
an Herrschsucht,
Rücksichtslosigkeit,
an Härte, Kälte,
Gleichgültigkeit.

Darum mangelt
es mir nicht
an Liebe zu dir.

Im tiefsten Sinn

Worte resignieren bewundernd
vor deiner Schönheit,
kaum daß ich sie wähle.
Aber ich habe jetzt nur sie,
um dir zu zeigen,
wie sehr du mich verzauberst,
selbst aus weiter Entfernung,
bis in die Fingerspitzen dieses Augenblicks.

Die Wochen ohne dich
erklären mir den Begriff Ewigkeit.
Ein Brief von dir liegt auf dem Tisch.
Berühre ich ihn, berühre ich dich.
Ein Ozean liegt zwischen uns,
doch ich atme deine Nähe,
fühle dich unter meiner Haut,
als würden wir uns vereinen
und befreien von uns selbst
im tiefsten Sinn der Liebe.

Überzeugungskraft

Deine Lippen
waren voller Leben,
als sie meine berührten
und mich
mit sanfter Überzeugungskraft
zum Glauben
an uns
zurückführten.

Herbst

Herbstabend

Du liest in einem Buch.
Ich schaue dich an
und muß lächeln.
Herbstwind drückt gegen
die Fensterscheibe,
die Bäume verlieren
ihre letzten Blätter.
Das Buch unsrer Liebe
gewinnt von Tag zu Tag.

Im Freien

War das schon so,
bevor ich dich kannte,
daß mir der Herbstwind
mit seinen kühlen Händen
so feurig durch die Haare fuhr
und Wolken mit den
verschwenderischen Farben
des Sonnenuntergangs
mir Bilder malten,
die mein Herz im Betrachten
schwerelos vor Entzücken machten,

als ich im Freien stand
und nicht mehr wußte,
wer ich war –
ohne mich zu vermissen.

Warum?

Warum redest du so viel,
wenn du viel mehr geben kannst
mit deinem Schweigen?
Warum denkst du so gern,
wenn dein Bestes
hinter der Grenze des Denkens liegt?
Warum öffnest du nicht dein Herz
und zeigst dich?

Du bist viel mehr,
als du denkst.

Dein Schatten

Wenn ich an dich denke,
muß ich lächeln,
denn ich habe
dein wahres Gesicht gesehen
hinter dem anderen,
das ebenso wirklich ist
wie dein Schatten.

Ich sah dein wahres Gesicht
einen Moment lang –
und dein Schatten
war so überrascht.

Schwellenangst

Immer,
wenn die Tür ins
Ungewisse sich öffnet,
verschließt sich deine Seele
und zieht sich zurück zu dem,
was sie kennt
und für sicher hält.

Ihre Schwellenangst
läßt dich versäumen,
wonach du dich sehnst.

Du solltest ihr Mut machen,
sonst versäumt sie
wieder das Entscheidende.

In diesem Augenblick

Unser Lächeln
stieg immer höher,
durchbrach die
Wolkendecke der Angst –

und schenkte uns
den freien Himmel
einer möglichen Liebe.

Leider wuchsen uns
in diesem Augenblick
keine Flügel.

Ja, aber...

Wenn wir ganz
nah zusammen sind,
entsteht etwas,
das stärker ist als mein Wille.

Aber es muß auch
stärker sein als dein Wille,
damit es sich entfalten kann.

Nur so lange

Wenn du dich hinter
einer Maske verborgen hast,
war deine Maske lebendiger
als das wahre Gesicht vieler anderer.

Wenn du mir
etwas vorgespielt hast,
war dein Spiel wirklicher
als die Wirklichkeit vieler anderer

Wenn du nur
so getan hast als ob,
war deine Verstellung überzeugender
als die Ehrlichkeit vieler anderer.

Aber nur so lange,
wie ich die Wahrheit
nicht wahrhaben wollte.

Versehen

Ich wollte dir etwas zeigen,
was du nicht sehen wolltest.

Und ich wollte etwas von dir sehen,
was du mir nicht zeigen wolltest.

Ich habe mich versehen.
Du hast es mir gezeigt.

Vielleicht so

Dich finden,
ohne mich zu verlieren.

Mich dir geben,
ohne mich aufzugeben.

Dich verstehen,
ohne mich zu übersehen.

So könnte es gehen.

Absurde Situation

Ich berühre dich,
ohne dich zu erreichen.

Ich küsse dich
durch eine unsichtbare Wand.

Ich umarme dich
aus weiter Ferne.

Ich bin zusammen
mit dir allein.

Zwei Fragen

Ich finde,
wir könnten uns
mehr geben,
ohne uns etwas
zu vergeben.

Findest du nicht auch?
Oder suchst du nicht?

Die Gunst des Augenblicks

Du bittest mich
nicht zum ersten Mal um Zeit,
doch Geduld war noch nie
eine meiner Stärken.

Ich will nicht darauf warten,
daß du irgendwann
in ferner Zukunft erkennst,
daß wir eine Gegenwart
zu leben haben.

Meine Zukunft will ich teilen
mit denen, die mich empfangen
und nicht ins Wartezimmer bitten,
die eine Chance als solche erkennen
und die Gunst des Augenblicks nutzen.

Das Leben ist zu kostbar,
um es mit Warten zu vergeuden –
auf etwas, das vielleicht nie kommt.

Hoffentlich

Du sagst,
du möchtest weicher werden,
du seist zu hart geworden
in der letzten Zeit.

Hoffentlich nicht zu hart.

Sonst kann ich nicht
so weich sein,
wie ich sein kann.

Deine Ängste

Deine Ängste schwächen mich,
deine Skepsis fesselt mich,
und ich kann nicht frei sein
und dir zeigen,
was ich nicht sagen kann.
Ich verliere mich und dich
im Labyrinth unserer Worte.

Ich kenne den Weg
ins erfüllende Schweigen,
wo wir uns finden könnten.

Doch würdest du
jetzt meine Hand nehmen
und die Augen schließen?

Fragen nach Mitternacht

Warum gießt du
Wasser ins Feuer,
wenn du frierst?

Warum bekämpfst du
den unverhofften Zauber,
wenn Nüchternheit
dich langweilt?

Warum tanzt du nicht,
wenn die Musik spielt,
die du dir gewünscht hast?

Warum atmest du nicht
die schöne Atmosphäre ein,
nach der du dich gesehnt hast?

Warum fragst du dich nicht,
was ich mich frage?

Weil du es bist

Weil du es bist,
springe ich lächelnd
über meinen Schatten,
versetze meine Zweifel
in den vorzeitigen Ruhestand
und lehre meine Ängste
das Fürchten.

Ich will mich wieder öffnen.
Aber nur, weil du es bist.

Mauerwerk

Du redest so viel,
um die Hilfe des Lauschens
nicht annehmen zu müssen.
Du schützt dein Elend
vor dem Zugriff der Heilung.
Du bemutterst deine Ängste
und verbietest dir
den Umgang mit der Liebe.
Wer seine Hände
nach dir ausstreckt,
berührt Mauerwerk.

Magische Inseln

Meine Augen können
Schönheit sehen
auch ohne deine
gelegentliche Nähe.

Du hast mich verletzt,
und ich frage meine Seele,
ob sie dir verzeihen kann.
Meine Seele antwortet:
Sieh dir den Sonnenuntergang an!

Also gehe ich zum Fenster
und sehe ins Licht.
Die Wolken am Horizont
sehen aus wie Inseln im Meer,
Inseln des Zaubers.
Ich werde sie wieder erreichen,
aber nicht mehr mit dir.

Zugvögel fliegen
zu Hunderten über mich hinweg
zu den magischen Inseln,
als wollten sie mir
das Zeichen zum Aufbruch geben.

Orientierung

Ich will nicht mehr
mit dir gehen
in deinem Tempo.

Ich möchte dich
nicht mehr sehen
zu deinen Bedingungen.

Ich kann dich
nicht mehr verstehen
mit meinem Herzen.

Ich orientiere mich
an meinen Träumen,
in denen du
nicht mehr erscheinst.

Was ich mir wünsche

Du gibst mir nicht alles,
was ich brauche.

Du gibst mir vieles,
was ich nicht brauche.

Das mag normal sein,
aber das Normale
hat mir nie genügt.

Ich wünsch mir,
was mich wunschlos macht.

Viel gelernt

Ich habe viel gelernt
aus den Enttäuschungen,
die du mir bereitet hast.

Fast möchte ich dir dafür danken.

Ich sehe jetzt viel schneller,
wenn jemand mit mir spielt
und nicht mit mir fühlt,
wenn jemand seine Vorteile sieht
und nicht unsere Möglichkeiten.

Die Angst vorm Fliegen

Die größte Feindin der Liebe,
der Erkenntnis und der Weisheit
ist die Angst vor dem Neuen,
dem Unbekannten, Unberechenbaren –
also letztlich vor dem Leben.

Doch welchen Sinn hat es,
Angst vor dem zu haben,
was uns geboren hat
und was uns sterben läßt?

Kein Vogel hat Angst vorm Fliegen.
Deine Seele will fliegen, muß fliegen,
um sich nicht selbst zu vergessen.
Hindere sie nicht daran
mit deiner Angst vorm Absturz,
sonst verkümmern ihre Flügel.

Und du wirst traurig,
ohne zu wissen warum.

Im Grunde ein Sieg

Du meinst,
ich sei dir nicht
weit genug entgegengekommen.
Ich meine das gleiche von dir.

Was auf den ersten Blick
wie eine Meinungsverschiedenheit wirkt,
ist im Grunde
eine Verschiedenheit der Seelen,
die beim besten Willen
nicht zu überbrücken ist.

Und was
auf den ersten Blick
wie ein Scheitern aussieht,
ist im Grunde
ein Sieg der Wahrheit.

Sprachlos vor Sehnsucht

Ich stehe im Dunkel
und winke dir zu,
als könntest du mich sehen
mit den Augen der Seele
und mir antworten –

sprachlos vor Sehnsucht
wie ich.

Frag sie

Deine Schönheit ist
ein heimliches Verbrechen,
dein Lächeln ein Tatort.

Und deine Seele,
sie will spielen,
sie will Macht.

Hast du sie
schon einmal gefragt,
warum sie die Liebe
so ganz vergessen hat?

Sie wird nicht antworten,
aber danach wird alles
anders für dich sein.

Zu klein

Die Chance,
die du uns geben willst,
ist mir zu klein,
viel zu beschränkt.
Ich brauche Grenzenlosigkeit,
um mich zu entfalten.

Wenn du einmal so frei bist,
mir deine seelische Landschaft
ohne Zäune und Mauern
zur Entdeckung anzubieten,
laß es mich wissen.

Meine Seele kann nur
eine freie Seele küssen.

Das zwischen uns

Wenn es stark ist,
wird es sich entfalten.

Wenn es schwach ist,
wird es erkalten.

Wenn es harmonisch ist,
wird es sich erweitern.

Wenn es unausgewogen ist,
wird es scheitern.

Wenn es feige ist,
wird es verschwinden.

Wenn es mutig ist,
wird es sich und uns ergründen.

Doch du hast Angst

Du erwartest zu viel von mir,
wenn du von mir erwartest,
nicht zu viel von dir zu erwarten.

Ich erwarte nur das,
was möglich ist –
weil ich es spüre.

Du spürst es auch.
Doch du hast Angst davor.

Erwarte nicht von mir,
daß ich sie mit dir teile.

Als dein Mut versank

Ich habe dir
meine Hand angeboten,
doch du hast
sie nicht ergriffen,
als dein Mut versank
im Treibsand deiner Ängste.

Denn ich war
ein Teil deiner Ängste,
die mein Lächeln
zu einer Fratze verzerrten.

Weil du nicht weißt

Deine Beteuerungen,
nicht mit den Gefühlen
anderer Menschen zu spielen,
gehören zu deinem Spiel
mit den Gefühlen
anderer Menschen.

Ich glaube,
du glaubst, was du sagst –
weil du nicht weißt,
was du tust.

Denn du schaust mich an

Nun mauere ich
den schmalen Durchgang,
den ich nicht ohne Mühe
zwischen uns geöffnet habe,
wieder zu.
Was nicht geht, geht nicht,
sage ich mir und setze
Stein auf Stein.
Enttäuschte Hoffnung
ist ein tüchtiger Maurer.

Nur den letzten Stein,
der die Mauer schließt,
kann ich nicht setzen.

Denn du stehst
auf der anderen Seite
und schaust mich an.

Der letzte Zug

Heute fährt mein letzter Zug.
Wir treffen uns am Bahnsteig.
Du erkennst mich an meinem
viel zu schnellen Herzklopfen.

Diesmal kann ich nicht bleiben,
wenn du nicht mitkommen kannst.

Nicht mich

Du hast deine Macht
über mich verloren,
weil du sie mißbraucht hast.

Nun wirst du gehen,
weil du deine Macht
über mich geliebt hast,
nicht mich.

Noch immer

Ich habe noch immer
eine starke Schwäche für dich,
und wenn wir uns
noch einmal das Wasser reichten,
könnte sich leicht daraus
ein neues Feuerwerk entzünden –

wie damals in der ersten Nacht,
als wir uns in die Arme sanken,
weil es nichts gab,
was natürlicher gewesen wäre.

Winter

Eigentlich

Eigentlich bist du kalt,
weil du Angst hast vor Gefühlen,
die du nicht kontrollieren kannst.

Eigentlich bist du unglaubwürdig,
weil dein Verhalten und deine Worte
zwei verschiedene Sprachen sprechen.

Eigentlich bin ich nicht traurig,
daß ich dich nicht mehr sehen will,
seit ich gesehen habe,
wie du eigentlich bist.

Das kleinere Übel

Es ist besser,
dich nicht zu kennen,
als immer aufs neue
von dir verkannt zu werden.

Es ist besser,
dich zu vergessen,
als immer aufs neue von dir
vergessen zu werden.

Es ist besser,
etwas zu beenden,
was eigentlich nie begonnen hat.

Wollen und Brauchen

Du hinderst mich daran,
dir zu geben, was du brauchst,
aus Angst, daß es etwas ist,
was du nicht willst.

Also bewahre ich es für einen anderen,
dieses seltene Geschenk,
dessen Wert nur der versteht,
bei dem Wollen und Brauchen eins sind.

Eine hohe Kunst

Ich glaubte,
diesmal würdest du
in meiner Nähe bleiben,
doch du warst wieder nur ein Gast,
wie schon beim ersten Mal.

Vieles wiederholt sich
und verliert dadurch an Reiz,
doch unsere Wiederholung war
intensiver als die Premiere,
im anfänglichen Gelingen
wie im späteren Scheitern.

Es ist eine hohe Kunst,
darüber zu lächeln.

Hübsch verpackt

Wir konnten uns über die Gestaltung
unserer Beziehung nicht einig werden.
So ist es doch nett gesagt,
so ist unser Scheitern hübsch verpackt.
Wir konnten uns nicht einig werden,
obwohl wir uns viel zu geben hatten.

Oder vielleicht gerade deshalb?

Lieber gar nicht

Du wolltest es nicht so tief
zwischen uns haben,
aber auch nicht so oberflächlich
wie mit den anderen.

Irgendwo in der Mitte,
sagtest du,
und ich wußte,
es würde nicht gehen,
wenn es nicht seinen
eigenen Weg gehen dürfte.

So verging es,
denn es wollte lieber gar nicht sein,
als mittelmäßig zu werden.
Es wollte lieber Vergangenheit sein,
als keine Zukunft zu haben.

Das feine Glas

Nun ist es zerbrochen,
das feine Glas,
gefallen aus lieblosen,
ungeschickten Händen
auf den harten Boden
der Enttäuschung,
zersprungen und verloren
wie der magische Trank,
den es enthielt,
an dem du nur
ängstlich genippt hast –
zu wenig,
um verzaubert zu werden.

Weil du glaubtest,
unsere Zukunft zu kennen,
hast du sie verkannt.

Als hätten wir Angst

Ist es nicht
fast schon komisch,
wie wir unser Wiedersehen
immer aufs neue verschieben –

als hätten wir Angst,
zu dem Bahnhof zu gehen,
wo unser letzter Zug
auf uns wartet,
weil wir befürchten,
auch ihn zu verpassen?

Was ich nicht kann

Ich kann keinen Menschen verlieren,
den ich nie wirklich gefunden habe,
kann keine Freundschaft beenden,
die nie richtig begonnen hat,
kann mich nicht
von jemandem distanzieren,
dem ich nie wirklich nah war.

Mich kann nicht traurig machen,
was mich nie glücklich gemacht hat,
und ich kann keine
verpaßte Chance bedauern,
die sich mir nie geboten hat.

Deshalb habe ich nichts verloren,
als ich dich verlor –
denn ich hatte nichts gewonnen.

Rollentausch

Lieber spiele ich
keine Rolle in deinem Leben
als eine so kleine,
die mich quält
wie ein zu enger Schuh.

Gib mir eine große Rolle,
in der ich Platz habe
zum Tanzen und Singen,
weil ich liebe
und geliebt werde.

Sie lacht

Ich drücke meine Nase
auf das Fensterglas
der Liebe.
Sie lacht
über mein komisches Gesicht.

Und ich bin glücklich,
daß sie lacht –
auch wenn ich spüre,
sie öffnet mir
nicht die Tür –

noch nicht.

Vielleicht

Ich taufe dich
auf den Namen "Vielleicht",
denn du bist
eine Pendlerin
zwischen Ja und Nein.

Doch wenn du mich
wirklich kennenlernen willst,
mußt du dich entscheiden.

Sonst entscheidet sich
das Leben gegen uns.

Enttäuscht?

Du kannst
mich nicht
mehr enttäuschen,
seit ich mich
nicht mehr
in dir täusche.

Bist du jetzt
enttäuscht?

Logische Frage

Du bist meilenweit
von mir entfernt,
im Land der Sorgen
um deine Zukunft.

Ich sitze allein
hier in der Gegenwart
und frage mich,
warum wir eigentlich
zusammensitzen.

Widerspruch

Du kannst
so viel versprechen
und so wenig halten.

Du kannst
so viel geben
und noch mehr nehmen.

Du kannst
so ehrlich sein
und so gut täuschen.

Deine Widersprüchlichkeit
erregt meinen Widerspruch.

Und ich suche das Weite,
denn in deiner Nähe
fand ich kein Vertrauen.

Verweht

Ich hatte
etwas Besonderes für dich,
ein seelisches Geschenk,
warm und leicht,
von hohem Wert.

Ich habe lange gewartet,
aber du bist nicht gekommen,
um dein Geschenk zu empfangen.

Nun ist es nur noch
eine verpaßte Chance,
eine Erinnerung
an etwas Kostbares –

verweht vom Wind der Zeit.

Vom Glauben und Zeigen

Ich habe nur geglaubt,
was ich glauben wollte.

Du hast nur gezeigt,
was du zeigen wolltest.

Jetzt glaube ich
nicht mehr an das,
was du zeigst.

Und zeige es dir.

Nebenwirkung

Solange du dir
selbst im Weg stehst,
stehst du auch mir
im Weg zu dir.

Schall und Rauch

Wie man sich täuschen kann,
wenn man sich täuschen will
in einem Menschen.
Wie man ihn
zu etwas Besonderem macht,
wenn man etwas Besonderes braucht.

Wie man sich
Illusionen machen kann,
wenn man die Wahrheit
nicht wahrhaben will –
bis sie dann
wie der Blitz einschlägt
in die Galerie der Wunschbilder
und nichts hinterläßt
als Schall und Rauch.

Unerlöst

Du warst verwirrt,
ich wollte dich lösen.
Du warst verhangen,
ich wollte dich aufheitern.
Du warst gefangen,
ich wollte dich befreien.

Doch ich mußte scheitern,
denn im tiefsten Grunde
ging es dir nur darum,
deine geliebte Traurigkeit
um einen weiteren Grund
zu erweitern.

Wie ein Traum

Dein Lächeln konnte alles
und nichts bedeuten,
deine Worte waren unverbindlich
wie dein Schweigen,
dein Körper lockte und verbot,
dein Gesicht verbarg den Kampf
zwischen Kopf und Herz.

Du machtest dich zu einem Rätsel,
das ich vielleicht hätte lösen können,
aber gerade das wolltest du nicht.

Alles an dir war wie ein Traum,
der augenblicklich enden konnte
und nichts hinterlassen würde
als schnell zerfließende Erinnerung.

Ansichtssache

Für dich
ist einer,
der lange genug
um deine Gunst bettelt,
ein guter Mann.

Für mich
ist er
ein guter Bettler.

So weit entfernt

Dein Gesicht
hat sich so weit
von meinem Traum entfernt,
daß ich es nicht mehr
vor mir sehen kann,
wenn ich die Augen schließe
und das Wort "Glück" denke,
auf das dein Name
sich einmal gereimt hat.

Es ist aus

Es ist aus,
und es wird
keinen neuen Anfang mehr
zwischen uns geben.
Der Hagel der Enttäuschung
hat alle Knospen zerstört,
die noch hätten blühen
und uns die Augen
öffnen können
für die Pracht,
die wir verloren haben.

Du hast mir
so viel gegeben
in der viel
zu kurzen Zeit
unserer Verzauberung.

Restlos ratlos

Das Gute
ist so gut mit dir,
daß ich nicht verstehe,
wie das Schlechte
so schlecht sein kann,
daß es das Gute verschlingt
und keinen Rest übrig läßt,
von dem die Hoffnung
auf einen neuen Anfang
zehren könnte.

Rückenwind

Nun weht mir
der Wind der Enttäuschung
den Staub deiner
leeren Worte ins Gesicht.

Ich schließe die Augen
und drehe mich um.

Jetzt habe ich Rückenwind,
der mir helfen wird,
leichter von dir zu gehen.

Laterne

Laß uns den Abend abbrennen
wie eine Kerze.
Laß unsere Musik spielen,
setz dich zu mir aufs Bett
und schließ die Augen:
wir müssen uns wieder sehen lernen.
Der Winter war zu hart,
die Kälte hat uns krank gemacht,
und viel zu lange ist es her,
seit wir in einem Rhythmus atmeten.
Mach dein Haar auf –
mach dein Herz auf –
die Musik ist unser Freund.
Zünde unser Licht an
und laß uns den Abend
wie eine Laterne
durch das Dunkel tragen,
in dem wir so lange gewartet haben.

Frühling

Wie gerufen

Wie gerufen
kommt der Frühling
in allen Farben,
allen Düften meiner Freude
über unsre immergrüne Zuneigung,
und ich tanze wild im Gras,
küsse den Boden deiner Liebe,
aus dem mehr Blumen wachsen,
als ich je entdecken kann.

Fieber

Das Fieber deiner Liebe
kreist wie neues Blut
durch meinen Körper,
brennt und reinigt mich
von allem Unwesentlichen
und verändert das spezifische
Gewicht meines Lebensgefühls.
Tiefer und tiefer sinke
ich dem Grund entgegen,
wo sich tausendfach gewinnt,
was Mut genug aufbringt,
sich einmal restlos aufzugeben.

Eine Minute Ewigkeit

Deine Hände haben
mich magisch berührt
und unwiderstehlich sanft
in eine wunderbare Welt geführt.

Ich mußte die Augen schließen
und sah dich so zum allerersten Mal,
weil ich dich durch deine Berührung fühlte.
Dich fühlen hieß – dich genießen,
lächelnd mit der hohen Schönheit fließen,
die aus deinen Händen in mich strömte,
mich reich beschenkte und verzauberte –
für eine Minute Ewigkeit.

Freude

Ich lächle der Nacht
ins undurchdringliche Gesicht,
denn mein Empfinden
hat dein verborgenes
Leben aufgespürt
und sich liebkost gefühlt.

Schwerelos

Du siehst
mit den Augen
des Herzens schwindelfrei
in die Tiefe des Augenblicks,
weil du weißt:

du kannst fliegen,
schwerelos vor Sehnsucht.

Leicht

Pure Lebensfreude
funkelte aus deinen Augen,
als unser Lächeln eins wurde
und uns über die
Grenzen des Alltags trug,
als seien wir
leicht wie Luft,
leicht wie ein
ungedachter Gedanke,
leicht wie ein wirklich
werdender Traum.

Küsse des Lebens

Es tut so gut,
mit dir zu lachen
und plötzlich zu erwachen
aus dem Alltagsschlaf
und zu erleben,
was wirklich ist –

und zu spüren,
genau das ist es,
was ich vermißte,
diese unverhofften
Küsse des Lebens
auf die Lippen
des atemlosen Augenblicks.

Dein Sprung

Du bist ganz einfach
über den Schatten
deiner Ängste gesprungen
und hast mir gezeigt,
was du fühltest,
als ich schon
so gut wie sicher war,
daß die Mauer
deiner Worte halten würde.

Schön war dein Sprung,
unverhofft mutig und sanft,
mitten ins Herz
des befreiten Augenblicks.

Gefunden

Ich finde
dich in mir.

Du findest
dich in mir.

Wir finden
uns ineinander.

Vielleicht,
weil wir uns nicht
gesucht haben?

Mit und ohne

Wir erkennen uns
mit offenen
und mit
geschlossenen Augen.

Wir brauchen uns
nichts weiszumachen.

Wie könnte ich da
schwarz für uns sehen?

Wer mit ihr geht

Wünschelrutengängerin
des Lebenswassers –
wer mit ihr geht,
findet verborgene Quellen.
Ihre Nähe atmet Wildnis,
ihre Berührung stillt
den Durst der Tiefe,
ihre Umarmung öffnet
gefangener Liebe spielerisch
den Weg ins Freie.

Aus durchbrochenen Mauern
stammen die Meilensteine
ihres Weges.

Aufs offene Meer

Ich bade
in den Wellen
unseres Kusses,

tauche
in die Tiefen
deines klaren Blickes,

werde fortgetragen
von der Strömung
unserer Umarmung –

aufs offene Meer
eines Gefühls,
das keine Grenzen kennt.

Keine Minute länger

Zieh mir die Schleier
von den Augen weg.
Keine Minute länger
mag ich mich
hinter ihnen verstecken.

Nackt will mein Blick
eintauchen
in deinen nackten Blick.

Komm,
mach mir schöne Augen,
zieh mir die Schleier weg.

Fußnote

Du ziehst mir
den Boden unter
den Füßen weg,
und ich falle –

dir zu Füßen.

Berührung

Dein Lächeln tanzt
mit meinen Mundwinkeln
Entzücken,
und deine Hände legen
sich auf meine Haut
wie ein ganz leichter Vogel,
der sich vor Übermut
in einen Abendtraum verfliegt,
mit Flügeln aus Kerzenlicht.

Standort

Du gehst mir nach,
du gehst mir nah,
und ich bin weit
davon entfernt,
mich von dir
zu entfernen,
stehe ich doch
zu deiner freien
Verführung.

Hochgefühl

Das Hochgefühl
zwischen uns
ist kein Zwischenhoch,
es ist ein stetiger Aufwind,
der uns in die schönsten
Höhen tragen kann,
wenn unsere Herzen
leicht genug sind,
sich ihm anzuvertrauen.

Kleine Frage

Wann schicken wir
die sogenannte Realität
wieder nach draußen
und lächeln uns
das wirkliche Leben zu?

Sind wir uns nah,
sind wir dem Sinn nah.

Jetzt möchte ich singen

Ich finde keine Sprache,
die beschreiben könnte,
was in mir geschieht,
seit du mir geschehen bist.

Wir trafen uns im Regen,
schauten uns an,
zwei Fremde noch –
doch jeder Regentropfen
war wie ein kleiner Kuß von dir
auf mein Gesicht.
Das Leuchten deiner Augen
strahlt in mir nach –
ein Licht, in dem ich sehe,
was mir fehlte.

Auch wenn es mir wieder fehlen wird:
Jetzt möchte ich singen,
jetzt möchte ich tanzen,
in deine Blicke tauchen,
mit deinen Haaren spielen
und deinen Körper ganz nah
an meinem fühlen.

Alles in mir hast du berührt –
es kreist, es leuchtet und vibriert.

Offen

Sage die magischen Worte,
meine Sinne sind offen
für die geheime Botschaft.
Ich könnte
das Unsichtbare sehen,
das Unhörbare hören,
das Unverständliche verstehen.

Sage die magischen Worte.
Nein – schweige sie.

Weg

Du das eine,
ich das andere Ufer,
zwischen uns der Fluß,
der Weg –
eine Bewegung
ins Uferlose.

Schlüsselfrage

Dein Herz
hat eine Hintertür;
du hast sie aufgeschlossen,
als ich daran klopfte.

Auch mein Herz
hat einen Hintereingang
für ganz spezielle Gäste.

Wollen wir
Schlüssel tauschen?

Das stärkere Gefühl

Wenn ein Name
zum Zauberwort wird
und ein Augenpaar
zu einer Geheimtür
auf der Suche nach
dem stärkeren Gefühl –

dann ist die Fülle,
die Herz und Seele satt macht,
auf einmal in der Luft,
die wir atmen.

Im Bann des Abends

Leuchten will ich mit dir,
funkeln im Bann des Abends,
den Sternen glitzernde
Botschaften schicken,
wortlos, wunschlos,
im Augenblick geborgen,
unzerstörbar, unbesiegbar –
solange der Zauber wirkt.

Helle Sicht

Dein Gesicht,
bis auf die Augen,
überspült von Wellen
aus Licht,
und ich sehe hell:

Du wirst blühen
und unsre Herzen
mit einem Duft
erfüllen,
der nicht welkt.

Seitdem

Alles ist verzaubert,
seit du in mir lebst.
Jeder Blick enthüllt
ein Geheimnis
in vertrauter Umgebung,
jeder Gedanke erreicht
unberührte Tiefen der Einsicht –

und jedes Lächeln
ist der Beginn
eines neuen Lebens.

Medienstimmen

»Der Lyriker, einer der meistgelesenen seiner Zunft in der deutschen Gegenwart, ist ein Meister der Worte. Seine Liebesgedichte fließen aus dem Herzen direkt aufs Papier.«
Pirmasenser Zeitung

»Hans Kruppa ist ein Phänomen.«
Bremer – Die Stadtillustrierte

»Kruppa bringt die Sache auf den Punkt – auf feine, subtile Weise. Poesie einer Anrufung des anderen, in der sich jedes Paar wiederfindet. Die Erkenntnis über die Liebe kommt ganz von selbst.«
Bieler Tagblatt

»Der Lyriker probiert ... auch ›Schönwetterworte‹, und mit ihnen stellt sich Phantasie ein, Leichtigkeit.«
Die Zeit

»Voller Zärtlichkeit beschreibt Kruppa das schönste Gefühl der Welt, die Liebe. Wunderbare Zeilen zum Träumen, Erinnern und Fühlen ...«
Echo der Frau